Género Fantasía

I0794623

Pregunta esencial

¿Qué aprendemos de las culturas a través de las tradiciones?

El viaje maravilloso

Diego Kochmann
ilustrado por Kristin Sorra

Capítulo 1

La llegada del ave

Amín vivía en Nueva Delhi, la capital de la India. Vivía con sus padres y dos hermanas menores. Cada mañana desayunaba leche y cereales. Luego se dirigía a la escuela en su bicicleta. A Amín le gustaba ir a la escuela porque allí tenía muchos amigos.

Los sábados jugaba al hockey con sus amigos. Es un deporte muy divertido, pero cansador. Tras los partidos, se reunían para beber limonada y hablar sobre el juego. También la escuela era entretenida. Le encantaba la clase de Geografía, porque en ella aprendía cómo son otros países. El sueño de Amín era conocer algún lugar lejano.

Una mañana, mientras iba con su bicicleta, notó algo extraño en el cielo. Vio cómo un ave se le acercaba. Era muy grande, negra, con la cabeza roja. Su pico terminaba en una punta filosa. ¡Amín nunca había visto un ave con alas tan enormes!

—¿Quién eres? —preguntó Amín asustado.

—No temas, Amín. No vine a hacerte daño. Yo soy un cóndor, y mi morada está muy lejos de aquí.

El niño se tranquilizó al escucharlo.

—Pero entonces, ¿a qué has venido?

—Siempre quise conocer otras montañas. Entonces, alcé vuelo y emprendí un largo viaje. Sé que eres curioso como yo. Sé que tu deseo es conocer otras tierras, otras personas y otras tradiciones. ¿Te gustaría conocer la cordillera de los Andes?

Capítulo 2
Los nuevos paisajes

Así fue como Amín se subió sobre el cóndor. Y juntos comenzaron el largo viaje. Desde lo alto, Amín observaba ciudades, extensas praderas y numerosos ríos. ¡Todo era muy hermoso!

El cóndor se detuvo a descansar:

—Ahora deberemos cruzar el ancho océano. ¡Ya lo verás!

Y el cóndor tenía razón. Parecía que el océano no terminaría nunca. Pero al fin llegaron a tierra firme.

Al día siguiente divisaron montañas muy altas, con sus picos nevados.

—Allí está mi hogar —dijo el cóndor con orgullo.

Amín miraba sorprendido la cordillera, que es una larga cadena de montañas.

—¡Qué hermoso paisaje! Nunca imaginé que existieran lugares tan lindos. ¡Acércate más, por favor!

Llegaron a un pequeño pueblo. Al verlos, los aldeanos se acercaron para darles la bienvenida. Amín hizo nuevos amigos. Cuatro niñas le mostraron el pueblo. Vestían ropas de colores muy alegres. Se cubrían la cabeza con gorros de lana.

Luego, un niño lo invitó a pasar unos días en su rancho. La construcción tenía techo de ramas y paredes de piedra.

Pedro y Sonia también se hicieron amigos de Amín. Y cada mañana, los cuatro recorrían angostos senderos que los llevaban a sitios muy bonitos. De esa manera, Amín conoció valles y praderas con muchas flores. En el camino atravesaron un río. Amín tocó el agua con sus manos, pero debió retirarlas de inmediato.

—¡Qué fría está el agua!

—Es por la nieve que se derrite —le explicaron sus amigos.

Detective del lenguaje	La oración subrayada en esta página, ¿es exclamativa o imperativa? ¿Cómo lo sabes?

Capítulo 3

Compartiendo costumbres

De a poco, Amín fue conociendo las costumbres de los pobladores. Observaba como algunos se dedicaban a cultivar maíz y otros criaban guanacos. Algunas mujeres tejían hermosas prendas de lana. Luego se reunían para intercambiar esas mercaderías. De esa manera, a nadie le faltaba nada.

Pero Amín también conoció algunos animales. Un grupo de pumas se acercó a hablar con él. Y pese a que sus colmillos podían ahuyentar hasta al más valiente, resultaron ser muy amables. Ellos quisieron saber cómo era la vida en la India.

—Donde vives, ¿también hace tanto frío?

—Por supuesto que no. Allí hace mucho calor, en especial en abril.

Amín les siguió contando sobre su vida.

—Vivo en una ciudad muy grande. A veces es difícil caminar por las calles porque hay demasiada gente. Aunque hay carros, muchas personas andan en bicicleta.

—¿Y qué animales hay?

—Allí hay muchas vacas. Nosotros respetamos a las vacas. Y está prohibido lastimarlas.

Capítulo 4
El regreso

Amín pasó hermosos días en los Andes. Conoció a muchas personas y también a los animales de la región. Todos fueron muy amables con él y le hubiese gustado quedarse más tiempo. Pero extrañaba a su familia y sus amigos. Por eso, una noche le pidió al cóndor:

—Ya quiero volver con mis padres. ¡Llévame de regreso a casa!

Detective del lenguaje	Algunas oraciones terminan con punto (.). ¿Puedes hallar otro signo de puntuación en esta página?

Los aldeanos y los animales se entristecieron por la decisión de Amín. Pero enseguida organizaron una fiesta para su gran amigo. Algunos adornaron las mesas con blancos manteles y otros limpiaron el terreno. De otros pueblos trajeron comidas muy sabrosas. Mientras tanto, el cóndor vigilaba desde las alturas para que todo saliera bien.

La fiesta fue maravillosa. Cantaron canciones típicas y bailaron con sus coloridas vestimentas. Amín también bailó, además contó algunas costumbres de su país. Su mejor amigo, el cóndor, fue el animador de la fiesta. Y les anunció una buena noticia a todos.

—El año próximo buscaré de nuevo a Amín. Y así podremos disfrutar una vez más de su maravillosa compañía.

Respuesta a la lectura

Resumir

Usa detalles del cuento como ayuda para resumir *El viaje maravilloso.*

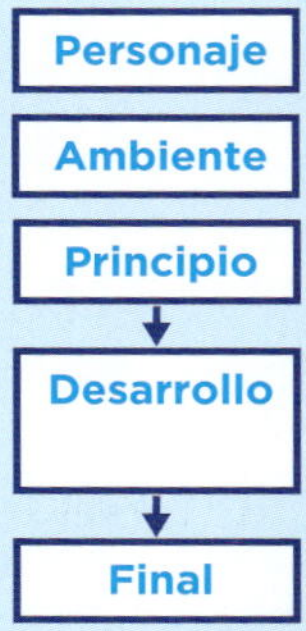

Evidencia en el texto

1. ¿Por qué *El viaje maravilloso* es una fantasía? ¿Qué partes pueden suceder en el mundo real y qué partes no? **Género**

2. ¿Qué es lo primero que sintió Amín cuando vio al cóndor? **Secuencia**

3. Vuelve a leer la página 7. ¿Qué claves te ayudan a definir *cordillera*? **Claves en las oraciones**

4. Escribe sobre qué cambió en Amín gracias al viaje. **Escribir sobre la lectura**

Género Texto expositivo

Compara los textos

Lee sobre la tradicional fiesta de Diwali.

Diwali

El festival de Diwali comenzó en la India, pero hoy se celebra en todo el mundo. El festival se lleva a cabo en otoño y puede durar hasta cinco días.

Las luces tienen un papel importante en esta fiesta. En algunos lugares de la India, la gente pone a flotar pequeñas lámparas en los ríos. Por la noche, miles de lucecitas se desplazan por el agua. En otros lugares, se cuelgan lámparas de colores en las casas.

El *rangoli* se hace con arroz, frijoles, arena y otros materiales.

El *rangoli* es otra parte tradicional de Diwali. Estos diseños se ponen en las entradas de las casas para dar la bienvenida a los visitantes. Crearlos lleva tiempo. Primero, se dibuja el contorno de una figura con harina de arroz o arena. Luego, se rellena la figura con arena de colores o especias. Algunos *rangoli* representan animales o plantas. Otros son patrones que se repiten.

Hemant Mehta/Getty Images

En el festival de Diwali todos se divierten. La gente compra ropa nueva para la ocasión. También se hacen regalos para demostrar afecto. En las reuniones, se comen bocadillos y postres.

El *laddu* es una bola de masa con almendras.

Haz conexiones

¿Qué tradiciones forman parte del festival de Diwali? **Pregunta esencial**

¿Qué tradiciones y costumbres has conocido a partir de la lectura de *El viaje maravilloso* y *Diwali*? **El texto y otros textos**

Enfoque:

Estudios Sociales

Propósito Comprender qué papel cumplen las tradiciones en una cultura

Procedimiento

Paso 1 Investiga las tradiciones del festival de Diwali en una región de la India.

Paso 2 Escribe un párrafo acerca de las tradiciones sobre las que hayas aprendido.

Paso 3 Comparte lo que aprendiste con otros compañeros.

Paso 4 Comenta en qué se parecen y en qué se diferencian las tradiciones del festival de Diwali en las regiones que han investigado.